NOTICE

Sur les diverses Contrées du Département de l'Isère, qui sont connues sous un nom spécial :

RAPPORT

Fait à l'Académie des Sciences et des Arts de Grenoble,

Par MM. Berriat-St-Prix et Champollion-Figeac.

GRENOBLE,

De l'Imprimerie de J. Allier, Imprimeur de la Société.

———

Février 1811.

$\int 3\,\text{\&}$

RAPPORT sur les diverses Contrées du Département de l'Isère, connues sous un nom particulier ;

Par MM. BERRIAT-S.ᵗ-PRIX et CHAMPOLLION-FIGEAC.

MESSIEURS,

M. le Préfet a invité l'Académie à lui fournir les renseignemens nécessaires pour répondre à des questions qu'a faites S. Exc. le Ministre de l'intérieur, sur l'étendue des différentes contrées du Département de l'Isère, qui sont désignées sous un nom spécial, telles que l'Oisans, le Royannais et le Beaumont, et sur les circonstances qui ont pu contribuer à leur faire donner ce nom. Le Bureau a chargé M. Berriat-St.-Prix et moi de réunir sur ce sujet les notions propres à satisfaire les desirs du Ministre. C'est le résultat de nos recherches que nous présentons aujourd'hui à l'Académie.

On compte dans le Département de l'Isère douze contrées qui ont des dénominations particulières, savoir : le Graisivodan, l'Oisans, le Valbonnais, le Rattier, le Beaumont, le Trièves, les Terres-froides, les Terres-basses, la plaine de Bièvres, la Valloire, et le Royannais (celui-ci s'étend sur le Département de la Drôme).

A 2

1. *Graisivodan.* Il paraît que ce nom dérive de celui de la ville de Grenoble, chef-lieu et centre de ce pays. Quant au nom de Grenoble, il y a assez de contestations entre les auteurs; mais l'opinion la plus probable à notre avis, est celle d'après laquelle cette ville, autrefois *Cularo*, changea de nom en l'honneur de l'empereur Gratian. En admettant cet avis, aucune autre circonstance locale ne paraît avoir donné lieu au nom de Graisivodan.

Les limites de cette contrée sont fixées généralement, pour la largeur, aux crêtes des deux chaînes des Alpes, entre lesquelles se trouve renfermée la vallée de Grenoble, vallée où aboutissent latéralement, sur-tout à la rive gauche de l'Isère, plusieurs petits vallons, qui sont arrosés par des ruisseaux; pour la longueur, un des points extrêmes est à la limite orientale du Département, aux bourgs de Chaparcillan et de Pontcharra; l'autre point n'est pas fixé. Dans l'usage on le place entre Voreppe et Moirans, où se termine la chaîne précédente. Néanmoins, Guettard (*Miné-alogie de Dauphiné*) prétend que la vallée devrait s'étendre jusques à Tèche, parce que celle de Moirans, Vourey, Tulins, l'Albenc, Vinay, n'en est qu'une prolongation, qu'elle est aussi un dépôt de l'Isère, etc.

2. *Oisans.* Suivant Chorier (*Hist. de Dauphiné*) ce canton était habité par des peuples nommés par les auteurs *Uceni*. Ce mot a tant de ressemblance

avec celui d'*Oisans*, qu'on peut dire que c'est le même nom différemment terminé. Quelle en est l'étymologie ! c'est ce qu'il est difficile d'établir.

L'Oisans est comme le Graisivodan, limité en largeur par les crêtes des deux chaînes des Alpes qui forment sa vallée principale, arrosée par la Romanche, et en outre par celles du vallon où coule le Vénéou, qui se jette dans la Romanche, et qui arrose le territoire long et étroit de Venosc et St.-Christophe.

Quant à la longueur, elle commence aux sources de la Romanche, et embrasse d'abord les communes de Lagrave, les Hières et Villars-d'Arènes, unies depuis la révolution au Département des Hautes-Alpes. Elle se termine à l'entrée du territoire de Vizille, où la vallée de la Romanche s'élargit, et où cette rivière prend une nouvelle direction.

3. *Valbonnais*. Le Valbonnais est un vallon étroit, mais fertile, arrosé par une petite rivière nommée *Bonne*. Voilà l'étymologie de sa dénomination ; aussi dans quelques anciens actes est-il nommé *vallis Bonna* ou *Bonnæ*, ou *vallis Bonnensis*, *vallée Bonne ou de la Bonne*.

Les limites du Valbonnais, qui fait partie du canton d'Entraygues, sont encore fixées en largeur par les crêtes des deux chaînes, qui forment la vallée principale. Les deux extrémités, dans le sens de la longueur, sont la montagne de Turbate, où la Bonne

prend sa source, et le territoire de la commune de
Valbonnais, où résidait jadis le seigneur de tous ces
pays... Mais ce vallon a deux embranchemens, dont
l'un conduit à la commune de Chantelouve, qui fait
partie du Valbonnais. Cet embranchement forme
aussi une gorge étroite, qui a une issue dans l'Oisans,
et qui, depuis Chantelouve, est arrosé par une petite
rivière appelée la *Marsane* ou la *Malsaine*, parce
qu'en effet on prétend que ses eaux sont moins propres à l'arrosage que celles de la *Bonne*.

On doit encore indiquer ici le vallon de *Valsenestre*, *vallis Sinistra*, *vallée Gauche*, qui est aussi
une dépendance du Valbonnais, et qui, avec plusieurs autres villages, forme la commune de Val-
jouffray, même contrée et même canton.

4. *Le Rattier*. C'est encore un vallon fort étroit
et très-tortueux, arrosé par une petite rivière nommée la *Roisonne*, qui se jette dans la *Bonne*, à l'extrêmité du Valbonnais. On y compte cinq communes, Oris, Nantes, Sievolz, Lavalette et Laval-
dens. De tems immémorial elles ont été comprises
dans la même seigneurie, sous le nom de mande-
ment de Rattier; cependant les anciens nobiliaires
de la province ne citent aucune maison de ce nom.
Ainsi, ce n'est point au seigneur, comme on l'ob-
serve dans d'autres cantons, que la dénomination
est due, mais nous ignorons si c'est d'après des
circonstances purement locales.

Mêmes observations que pour les cantons précé-
dens, relativement aux limites du Rattier, dans le
sens de sa largeur; quant à la longueur, il commence
au revers méridional de la montagne de Taillefer,
où est la source de la Roisonne, et se termine au-
dessous de Sievolz.

5. *Mateysine.* C'est une vallée très-élevée et très-
froide; elle commence au village de Laffrey et se
termine au territoire du bourg de la Mure; elle est
dans la direction du nord au midi, de sorte que les
vents du nord la parcourent librement dans le sens
de sa longueur, c'est-à-dire pendant environ trois
lieues. Ce qui contribue à la refroidir, ce sont trois
lacs assez grands et presque contigus, qui occupent
le fond de toute sa partie septentrionale. Sa température diffère tellement de celle des contrées voisines, que lorsqu'on passe dans les vallées limitrophes,
soit au sud, soit au nord, soit à l'est, on s'apperçoit
en moins de cinq minutes d'un changement très-
sensible. Elle comprend les communes de Laffrey,
Pierre-Châtelet, Ponsonnas, la Mure, Lamorte, etc.
L'on peut considérer le Villars-St.-Christophe comme
une de ses dépendances, parce qu'il n'en est séparé
que par une colline peu considérable.

La Mateysine est limitée dans sa largeur par des
montagnes assez élevées. A l'extrémité nord, on
l'a dit, elle n'a aucun abri contre le vent. La com-

A 4

mune de Laffrey est élevée de 925 mètres au-dessus du niveau de la mer.

Nous n'avons pu découvrir l'étymologie du mot *Mateysine*. Les habitans de ces cantons sont surnommés vulgairement les *Chats*, parce que, dit-on, lorsque l'inondation de 1219 eut détruit la plupart des titres des seigneurs, déposés à la chambre des comptes de Grenoble, ils refusèrent de souscrire de nouvelles reconnaissances. Ce surnom aurait-il donné lieu à la dénomination de *Mateysine* ! nous l'ignorons.

6. *Beaumont*. On appelle ainsi une vallée qui est le prolongement de celle de la Mateysine, dont la direction incline du nord-ouest au sud-est, et dont la température est beaucoup plus douce ; il paraît que cette différence, dont on apperçoit les effets, sur-tout dans les productions du pays, est produite par une montagne qui sépare ces deux vallons. Tel est assez probablement le motif pour lequel on l'aura appelé *Beaumont*, nom qui se sera étendu à toute la contrée, quoiqu'il y en ait une partie dont le climat soit moins doux que celui des autres.

Les communes dont est composé le Beaumont, sont St.-Laurent, St.-Michel, la Salle, Quet et S.te-Luce ; c'est la dernière qui est la plus froide. Il faut aussi remarquer que la montagne où elle est située divise le Beaumont en deux petites vallées, dont l'une, à l'ouest, comprend le territoire de Quet, et l'autre, à l'est, une partie de celui de St.-Michel.

Il y a eu en Dauphiné une maison de Beaumont, dont était le fameux baron des Adrets ; mais les nobiliaires n'annoncent point qu'elle ait possédé le canton précédent, de sorte que la dénomination paraît, ainsi qu'on l'a dit, dériver des circonstances locales.

6.° *Trièves*. C'est un vallon élevé dans la direction du nord au sud, situé au sud-est du Département de l'Isère, et séparé de celui de la Drôme à l'est et au sud, par les montagnes assez élevées de Gresse, du Vercorp et de la Croix-Haute. Dans l'usage on le fait commencer vers le Monestier-de-Clermont, se terminer à la limite du Département, et embrasser un assez grand nombre de communes. D'après les anciens auteurs, les Tricoriens, *Tricorii*, habitaient cette contrée ; les deux noms peuvent avoir la même origine.

Les sept contrées indiquées jusqu'ici sont toutes situées dans l'arrondissement de Grenoble et la partie montagneuse du Département ; celles dont nous allons parler sont dans la partie des petites collines ou plaines.

8.° *Terres-froides*. Cette dénomination est due au climat. Les cantons de Lemps et de Virieu, et le territoire de plusieurs communes d'autres cantons du voisinage auxquels on la donne, sont humides ; il y a un petit lac ; ils sont dans le voisinage de très-grands marais, qu'on travaille aujourd'hui à dessécher. Les brouillards y sont nombreux et épais; à l'approche de l'hiver, les arbres sont souvent chargés de givre; il arrive souvent aussi que l'hiver y est plus précoce que dans les vallées de la partie des hautes montagnes, quoique dans ces cantons il n'y ait que des collines.

A l'égard des limites des Terres-froides, elles varient beaucoup dans l'usage.

9. *Terres-basses.* Tel est le nom qu'on donne au canton des Avenières et à plusieurs communes du voisinage, situés au nord-est du Département et sur la rive gauche du Rhône. Les grands marais de Bourgoin s'étendent jusqu'à ces pays, de sorte que leur dénomination est encore dérivée de leur situation.

Leurs limites varient encore beaucoup dans l'usage.

10. *Plaine de Bièvres.* On appelle ainsi une plaine assez élevée et très-vaste, située sur les limites des arrondissemens de la Tour-du-Pin, Vienne et St.-Marcellin. Il paraît par les historiens de Dauphiné, qu'elle a été occupée par une vaste forêt: vingt ans avant la révolution elle était couverte de cailloux, et en grande partie en friche, excepté dans les points qui bordent les petites collines, entre lesquelles elle est renfermée; elle s'est beaucoup améliorée depuis la découverte inappréciable des propriétés fécondantes du plâtre.

La plaine de Bièvres commence à deux milles de Rives ; elle est beaucoup plus élevée que le sol de la vallée de Grenoble ; elle se dirige d'abord du sud-est au nord-ouest de Rives à Lafrette, et ensuite de l'est à l'ouest de Rives jusques aux coteaux voisins de Beaurepaire ; elle a deux lieues de largeur sur neuf de longueur.

Nous ignorons l'étymologie du mot Bièvres : nous remarquerons seulement que ce nom, dans le vieux français, est le nom du castor et de la loutre ; ce dernier animal se rencontre fréquemment dans le voisinage ; on a vu le castor sur les bords du Rhône.

Cette circonstance aurait-elle servi à fixer la dénomination de la plaine de Bièvres ? nous ne prononçons pas sur cette question.

11. *Valloire.* Voici une autre plaine qui est le prolongement de la précédente, mais qui en diffère beaucoup sous le rapport de la fertilité naturelle. Elle fournit abondamment toutes sortes de productions ; aussi l'on croit dans le pays que le nom de Valloire vient de *Vallis aurea,* Vallée d'or.

La Valloire s'étend sur les départemens de l'Isère et de la Drôme. Elle occupe l'extrêmité nord de celui-ci, et dans l'autre le canton de Beaurepaire et quelques communes voisines.

Les limites varient encore dans l'usage.

12. *Royannais.* On donne ce nom à une petite vallée située sur les mêmes Départemens ; elle oc-

cupe dans celui de l'Isère l'extrémité sud-ouest de l'arrondissement de St.-Marcellin ; elle y comprend les communes du Pont-en-Royans, Presles, Chatelus, Auberives, et Choranches ; et dans celui de la Drôme, St.-Nazaire, St.-Thomas, St.-Laurent, Ste-Eulalie, St.-Jean, Oriol, Echevis et St.-Martin.

Chorier fait descendre la seconde race de la maison de Sassenage (*Généalogie de Sassenage*) d'un Ismidon, prince de Royans, au XIe siècle. Il paraît que depuis cette époque jusques à la révolution, cette maison ancienne et puissante a toujours possédé le Royannais, et il est vraisemblable que c'est delà que ce pays aura tiré son nom.

Nous terminerons ces renseignemens de localité par quelques observations sur l'étymologie des noms des douze contrées connues dans le Département de l'Isère sous un nom spécial.

En usant avec liberté de la latitude qu'offre la science des étymologies, il nous eût été facile de donner celle de tous ces noms. Mais nous avons dû être très-réservés à ce sujet, parce que nous sommes persuadés qu'il n'y a pas de bonne étymologie qui ne puisse être contestée, et que la plus fausse conserve encore une apparence de vérité ou de vraisemblance qui satisfait quelques esprits. Mais un point essentiel que nous avons dû considérer et ne pas perdre de vue, c'est que ces diverses contrées du Département sont habitées depuis bien des siècles, comme l'indique l'état géologique des lieux. Dès les premiers tems où elles l'ont été, elles ont reçu un nom, et ce nom est vraisemblablement celui qui est parvenu jusqu'à nous, celui sous lequel ces contrées sont encore connues vulgairement parmi le peuple et leurs habitans.

Il est incontestable que ces contrées étaient habitées avant l'arrivée des Romains dans nos contrées, c'est-à-dire avant le 2.ᵉ siècle qui a précédé l'ère vulgaire; elles avaient donc reçu leur nom avant cette même époque; cette considération suffit pour établir l'impossibilité de donner l'étymologie de ces noms, puisqu'ils appartiennent à une langue ou à des idiomes dont les restes informes ne permettent que des conjectures, et il ne peut pas être très-utile de s'aventurer dans une semblable matière sur cette mer sans rivages. Ainsi, les habitans de l'Oisans, de Trièves, etc., portaient ce nom avant l'arrivée des Romains dans le pays des Allobroges et des Voconces. Ces conquérans traduisaient quelquefois dans leur idiome, les noms des nations vaincues, mais plus souvent ils leur donnaient une terminaison latine; ainsi, ils appelèrent les habitans de l'Oisans *Uceni* (*Ouceni*), comme après la conquête de l'Etrurie, ils appelèrent la ville de Velathri, *Volaterra*; celle de Peruse, *Perusium*; Tutere, *Tudertum*; Bolsena, *Vulsinium* (1).

_____

(1) Ces noms de villes étruques sont conservés sur les médailles étruques, qu'on prend ordinairement, mais mal-à-propos, pour des As Romains.

Mais ces noms ne furent conservés que dans l'idiôme latin ; ils ont été oubliés avec lui, tandis qu'au contraire les noms primitifs ont été conservés par les habitans de ces contrées ; ainsi, en français l'Oisans a repris son nom, comme les paysans de l'Etrurie appellent encore Velathri, *Volatri ;* Perousé, *Perouja ;* Bolsena, *Bolsena,* et non pas *Vulcinium,* etc.

Ces réflexions s'appliquent à presque toutes les contrées du Département de l'Isère indiquées dans ce rapport. Le *Valbonnais* semble faire exception, parce qu'en effet ce nom et celui de *Valsenestre* sont purement latins, *vallis Bonnæ* ou *Bonnensis, vallis Sinistra,* et que tous les autres noms de villages, de hameaux, de rivière, de montagnes dépendant du Valbonnais sont aussi latins ou français ; tels sont *la Chalp,* commune de Chantelouve, et *la Chalp,* commune de Valjouffrey, nom que porte le hameau principal de chacune de ces deux communes, parce que c'est dans ces hameaux que se trouve l'église communale ou la chapelle, d'où est venu *la Chalp ;* tels sont encore *la Bonne* et *la Marsanne,* rivières, les communes d'Entraygues, le Perier, etc. Nous le répétons, le Valbonnais fait exception à la règle que nous avons établie plus haut, parce que tous ces noms sont latins ou français, et nous pouvons rigoureusement en tirer cette conséquence, que cette vallée a été habitée postérieurement à celle de l'Oisans et à beaucoup d'autres parties du Département de l'Isère. L'état des lieux appuie encore cette conclusion ; elle est basée sur des réflexions qui peuvent trouver leur application à tous les lieux, et qui ne seront peut-être pas déplacées dans le travail sur la géographie physique de l'Empire, que S. Exc. le Ministre de l'intérieur se propose de faire rédiger. Nous désirons que ce rapport puisse lui être l'utile.

L'Académie, après avoir entendu ce rapport, l'a adopté, et a arrêté qu'il sera transcrit sur ses registres et adressé à M. le Préfet du Département de l'Isère.

Fait en séance le 23 janvier 1810.

Pour copie conforme :

Le Secrétaire de l'Académie des Sciences et des Arts,

J. J. CHAMPOLLION-FIGEAC.

554

556